ÉTUDE

LA CONSTITUTION

QUI CONVIENT A LA FRANCE

ÉTUDE

SUR

LA CONSTITUTION

qui convient à la France

PAR

J.-B. PASTOUREAU-LABESSE

INGÉNIEUR DES CONSTRUCTIONS NAVALES,
ANCIEN CHEF DE BUREAU AU MINISTÈRE DE LA MARINE,
OFFICIER DE LA LÉGION-D'HONNEUR.

BORDEAUX

IMPRIMERIE G. GOUNOUILHOU

11, RUE GUIRAUDE, 11.

Décembre 1870.

TABLE DES MATIÈRES.

———

PROJET DE CONSTITUTION.

NOTES.

PRÉFACE.

—

Il faut un certain courage pour oser, dans les circonstances actuelles, parler au public d'autre chose que de la *défense nationale*. Et cependant, la question dont j'ai à l'entretenir, le *choix d'une Constitution*, n'est ni moins importante, ni peut-être moins urgente. Que nos efforts nous obtiennent la paix, ou que notre épuisement nous l'impose, la solution ne saurait désormais se faire longtemps attendre. Dans l'un et l'autre cas, cette paix, pour être conclue, nécessitera un Gouvernement régulier, et ce Gouvernement ne pourra s'établir qu'en vertu d'une Constitution. Si donc nous ne voulons, cette fois encore, recevoir de personnages sans mandat des institutions toutes faites, et que l'urgence nous forcera d'accepter, il faut nous occuper sans délai de les préparer nous-mêmes.

Il est du devoir de chaque citoyen d'apporter sa pierre à l'édifice nouveau qu'il s'agit de construire. Ayant eu, dans le cours de ma carrière, l'occasion de visiter les pays étrangers les plus avancés dans la science du gouvernement, j'ai été à même d'observer leurs institutions et de les comparer avec celles qui ont prévalu jusqu'à ce jour en France. Ces comparaisons, mûries par la réflexion et fortifiées par le spectacle des événements modernes, m'ont conduit à concevoir pour notre pays un régime politique qui me semble supérieur à ceux essayés jusqu'à ce jour, et que je viens respectueusement soumettre au public.

Si mes observations sont fondées, la Constitution dont j'expose le projet pourrait satisfaire aux besoins de notre pays, dans les circonstances actuelles. Elle honore la religion, établit la justice, développe l'instruction publique. Elle respecte scrupuleusement la propriété, favorise l'initiative individuelle. Laissant à la presse et à l'opinion une liberté qui n'a d'autres limites que la loi, elle facilite au plus haut degré le contrôle des actes et des dépenses de l'Autorité. Enfin elle présente réunis les éléments nécessaires pour fonder dans notre pays l'ordre sans le despotisme, et la liberté sans la licence.

Bordeaux, décembre 1870.

ÉTUDE

SUR

LA CONSTITUTION

QUI CONVIENT A LA FRANCE.

———

Convenance de réunir une Assemblée nationale. — Je suis de ceux qui pensent qu'une Assemblée nationale devrait être réunie sans délai. L'occupation d'une partie du territoire par l'armée prussienne ne me semble pas une raison suffisante pour retarder plus longtemps cette réunion. En premier lieu, il n'y a qu'un nombre relativement faible de localités qui soient effectivement occupées par l'ennemi. L'Assemblée, incomplète à l'origine, représenterait donc, même alors, la majorité de la nation. En second lieu, il est évident que le gouvernement prussien a intérêt à laisser faire les élections, puisque, l'Assemblée étant réunie, il se trouvera en présence du pouvoir indiscutable qui lui manque aujourd'hui, et avec lequel il espère, à tort ou à raison, conclure une paix avantageuse.

Les hommes courageux et dévoués qui, ne désespérant pas de sauver le pays, ont accepté la responsabilité de conduire les affaires publiques dans la terrible crise que nous traversons, jugeaient eux aussi convenable et urgent de réunir l'Assemblée nationale. On en peut donner pour preuve l'empressement avec lequel ils ont rendu le premier décret prescrivant cette réunion. Ce décret porte la date du 8 septembre. Il est de quatre jours seulement postérieur à la chute de l'Empire. Les considérants qui précèdent et motivent ce décret ont autant et même plus de force aujourd'hui qu'à l'époque où il a été rendu. Après quatre mois de fonctionnement, les principaux États de l'Europe n'ont pas encore reconnu le Gouvernement de défense. Il est donc plus que jamais nécessaire qu'on les éclaire, et qu'on leur démontre, par une irrécusable preuve, que ce Gouvernement, malgré son origine locale, possède bien la confiance de la majorité de la nation.

Sans doute, la réunion des colléges électoraux, au milieu des préoccupations de la défense, doit présenter des inconvénients. Mais que sont ces inconvénients, *temporaires* par leur nature, à côté des avantages *permanents* que l'on peut attendre de la mesure? L'Assemblée, une fois réunie, apportera au Gouvernement la *force morale* que son origine ne comporte point. Elle donnera un point d'appui solide à ses louables efforts pour soulever et armer rapidement la nation. Elle fera tomber les résistances que son autorité rencontre encore sur quelques points du territoire, résistances très coupables au point de vue patriotique, mais justifiables au point de vue du droit strict. La présence, à côté du pouvoir exécutif, des représentants des départements, lui fera mieux connaître et mieux utiliser leurs ressources respectives en vue de la défense commune. Si, comme on doit s'y préparer, de nouveaux emprunts doivent être contractés, la sanction d'une Assemblée nationale, appelant la confiance des capitalistes, peut seule en rendre les conditions supportables.

Choix à faire d'une constitution. — Espérons que le

Gouvernement de défense, mieux éclairé sur les véritables intérêts du pays, reviendra promptement à sa première et loyale détermination. *Faire ce qui est juste et droit,* a dit Washington, *se trouve toujours, en fin de compte, la meilleure des politiques.*

Supposons donc l'Assemblée nationale convoquée et réunie. Le premier acte de cette Assemblée sera, nous n'en doutons pas, de confirmer le pouvoir actuel. Ce n'est point au milieu de la tempête que l'on peut songer à changer les hommes qui conduisent le vaisseau. Mais ce Gouvernement n'étant, lui-même l'a déclaré, qu'un *Gouvernement provisoire,* uniquement établi en vue de la défense, il faut songer au lendemain, c'est à dire au *Gouvernement définitif* qui devra lui succéder quand sa tâche aura été remplie. Quelque graves que soient nos autres préoccupations, ce n'est point trop tôt d'attaquer, dès aujourd'hui, cette importante question, afin de n'être pas pris au dépourvu, et forcé, par l'urgence, d'accepter une constitution improvisée, sans chances sérieuses de durée, comme on l'a fait si souvent en France, depuis quatre-vingts ans. Tâchons, au contraire, de préparer à l'avance une solution réfléchie, basée sur l'observation des faits, et prête à une application immédiate quand le moment opportun sera venu.

Trois formes de gouvernement se partagent aujourd'hui le monde; ce sont :

Le gouvernement despotique ou personnel,

La monarchie représentative,

La république.

Du gouvernement personnel. — Du gouvernement personnel, je crois qu'il n'y a pas lieu de s'en occuper ici. Personne, assurément, n'en veut plus en France. Le dernier essai qui vient d'en être fait, a, par sa déplorable fin, ouvert les yeux des hommes les moins clairvoyants, de ceux qui, par amour du repos, sont le plus disposés à faire abandon de leurs droits politiques. Tout le démontre aujourd'hui, nous ne trouverons ce repos désiré que lorsque chacun de nous, dans la limite de ses forces, apportera son concours dévoué à la chose publique. Il faut s'inspirer désormais de la maxime salutaire : *Aide-toi, le ciel t'aidera*. Il faut avoir présent à l'esprit ce grand principe posé par Joseph de Maistre : *Les peuples ont le gouvernement qu'ils méritent*. Sachons mériter un gouvernement rationnel et honnête, digne de notre époque et de notre pays, et, pour cela, pratiquons avec conscience le *self government*.

La monarchie despotique étant ainsi écartée, c'est entre la monarchie représentative et la république qu'il nous faut faire notre choix.

De la monarchie représentative. — La monarchie représentative a été essayée en France deux fois dans le cours de ce siècle, et chacun de ces essais s'est terminé par une révolution.

La première fois, le pouvoir avait été confié au chef de la branche aînée de la maison de Bourbon, c'est à dire au représentant d'une antique tradition, héritier d'une longue suite de rois, sous lesquels, il est juste de le reconnaître, la France s'est constituée, et est parvenue graduellement à son étendue, sa puissance et son unité actuelles.

La seconde fois, le pouvoir exécutif avait été confié à un prince de la même race, doué d'un esprit libéral, ayant servi la République pendant sa jeunesse sur les champs de bataille, ayant passé son âge mûr dans les pays étrangers les plus avancés dans l'art de gouverner les hommes. Ce prince, d'un mérite personnel incontesté, donnait dans sa vie privée les plus respectables exemples.

Et cependant, malgré une aussi rare réunion de conditions avantageuses, la monarchie représentative a succombé en 1848 sous le sceptre de Louis-Philippe, comme elle avait succombé en 1830 sous celui de Charles X, dans l'un et l'autre cas au milieu d'une profonde paix européenne.

En faut-il conclure que ce mode de gouvernement soit par lui-même irrationnel ou instable? Cela n'est pas admissible, puisque nous voyons près de nous la nation anglaise qui le pratique avec succès depuis plusieurs siècles, et qui s'est élevée, par la force de ses institutions, au plus haut degré de liberté et de puissance que l'histoire nous montre réunies chez un même peuple (1).

Il faut donc reconnaître que nos deux essais de monarchie représentative n'ont pas été effectués dans les conditions qui, chez nos voisins, assurent à ce régime une si remarquable stabilité.

Pourquoi ce régime réussit en Angleterre. — Les personnes qui ont résidé quelque temps en Angleterre ont été à même d'observer que l'état de la société civile y diffère essentiellement de celui qui existe en France. Cette différence suffit parfaitement pour expliquer l'impossibilité que nous éprouvons de faire fonctionner chez nous un régime politique qui a pris naissance chez nos voisins et qui est si bien approprié à leur état social.

L'Angleterre possède, depuis un temps immémorial, une aristocratie puissante, dont les membres se transmettent, de père en fils, d'immenses richesses territoriales que la

---

(1) Je rappellerai ici que l'Angleterre est le pays du monde où la liberté individuelle est le plus respectée. Ce pays, avec ses colonies, occupe aujourd'hui une surface de 12 millions de kilomètres carrés, peuplée de 200 millions d'habitants.

loi d'héritage ([1]) perpétue à peu près indéfiniment dans les mêmes familles. Cette aristocratie occupe la presque totalité des siéges à la Chambre des lords. Les enfants des lords ou leurs alliés occupent une partie des siéges à la Chambre des communes. Enfin, les grandes charges de la Couronne, dont plusieurs sont héréditaires, sont généralement remplies par des membres de la noblesse. Cette dernière exerce donc, soit près du souverain, soit dans le Parlement, une influence tantôt ouverte, tantôt occulte, mais toujours conservatrice des institutions. Cette influence se manifeste pareillement dans l'intérieur de l'Angleterre, et surtout dans les campagnes, grâce à la possession d'une partie du sol. Enfin, les nobles anglais, tout en couvrant la Couronne quand il est nécessaire, ont su acquérir et conserver la faveur populaire par le soin qu'ils ont toujours mis à défendre les libertés concédées, ou même à se mettre en tête des mouvements pour obtenir les libertés nouvelles, quand le moment de les accorder était arrivé.

C'est à l'action permanente et éclairée de son aristocratie et à l'influence éminemment conservatrice de ce grand corps, que l'Angleterre est redevable de la stabilité de son régime monarchique parlementaire, qui fait aujourd'hui, et à juste titre, l'admiration du monde.

Pourquoi il ne réussit pas en France. — Nous aussi, en France, nous avons eu une aristocratie qui ne le cédait point à celle d'Angleterre, qui l'emportait peut-être sur cette dernière pour le sang versé et les services rendus au pays sur les champs de bataille. Les noms des nobles français se rencontrent à chaque page de notre histoire militaire, et les événements actuels montrent qu'ils n'ont pas dégénéré. Mais, il faut bien le reconnaître, la noblesse

([1]) Voir la note A sur la *Loi d'héritage en Angleterre et aux États-Unis.*

française s'est toujours plus adonnée aux choses de l'épée
qu'à celles de la politique. A la fin du dernier siècle, elle
n'a pas su mesurer la portée du grand mouvement social
qui se préparait. Elle n'a pas su concéder, en temps
opportun, les réformes demandées par le peuple et se
mettre à la tête du courant révolutionnaire qui se formait,
de manière à le contenir et le diriger, ce que n'eût pas
manqué de faire la noblesse anglaise en pareille circons-
tance.

Emportés par la tempête, les nobles français ont perdu
leurs priviléges politiques dans la nuit du 4 août 1789. Un
second coup, plus terrible encore que le premier, leur a
été porté, en 1803, par la promulgation de la loi d'héritage,
établie par le Code civil (¹). La conséquence du partage
égal des fortunes entre les enfants a été de déterminer
l'appauvrissement des familles nobles, de plus en plus
prononcé à chaque génération. Cet appauvrissement diminue de jour en jour leur action sur les habitants des
campagnes, qui mesurent surtout l'influence sociale par
la possession de la terre. Dégoûtés du nouvel ordre de
choses issu de la Révolution, les nobles français se tiennent
aujourd'hui, regrettablement suivant nous, éloignés des
affaires publiques.

Ainsi donc, pendant que l'aristocratie anglaise, se prê-
tant de bonne grâce aux besoins modernes de liberté et
de progrès, se transformait graduellement, sans cesser
d'exercer une influence conservatrice sur les affaires
publiques, l'aristocratie française, malgré le mérite indivi-

(¹) Voici comment l'empereur Napoléon Iᵉʳ appréciait l'effet de la loi
d'héritage française sur l'aristocratie : « Établissez le code civil à Naples;
» tout ce qui ne vous est pas attaché va se détruire en peu d'années.
» C'est ce qui m'a fait prêcher un code civil et m'a porté à l'établir. »
(Lettre de Napoléon à Joseph Bonaparte, du 5 février 1806.)

duel d'un grand nombre de ses membres, s'éloignait
volontairement et de plus en plus de ces affaires. Aujour-
d'hui, elle a complètement cessé d'exister comme corps,
et tend incessamment à se confondre avec le reste de la
nation.

En résumé, la société anglaise, plus jalouse de la
liberté que de l'égalité, accepte et tolère les priviléges
conservés à son aristocratie, en récompense des services
rendus par elle dans l'ordre politique. La société française,
mettant un plus haut prix à l'égalité, a cessé depuis longtemps de tolérer ces priviléges, et ses lois civiles, aujour-
d'hui passées dans les mœurs, font un obstacle insur-
montable à leur rétablissement (¹). De cette différence
résulte l'impossibilité de faire fonctionner dans notre pays
un régime politique qui, pour sa stabilité, réclame obliga-
toirement l'existence d'une aristocratie fortement constituée. Si donc, renouvelant les tentatives qui ont avorté en
1830 et 1848, nous faisons un troisième essai de la
monarchie représentative, soit avec la branche aînée, soit
avec la branche cadette de la maison de Bourbon, il est
évident que, les mêmes causes produisant les mêmes
effets, nous aurons avant peu d'années une nouvelle
révolution.

De la république. — C'est donc au régime républicain, sagement établi, que doivent se rallier les suffrages des hommes d'ordre de tous les partis; de ceux
qui, soucieux de l'avenir de leur pays, désirent lui donner
enfin des institutions durables et conformes aux idées,
aux mœurs et à l'état social de ses habitants.

Mais, me dira-t-on, la république, elle aussi, a déjà été

_____

(¹) « L'aristocratie, une fois abattue, ne peut pas plus être rétablie
» qu'une futaie de chênes après un défrichement. » (Montalembert,
Avenir de l'Angleterre.)

essayée deux fois en France, et chaque fois elle a succombé. Le premier essai nous a valu Napoléon Ier, le
deuxième, Napoléon III. Est-il sage, est-il prudent de faire
une troisième tentative, et de nous exposer par elle à de
nouvelles et redoutables éventualités? A cette objection,
je répondrai que, dans le cas de nos deux républiques,
l'échec est survenu, non pas de difficultés insurmon-
tables, comme dans le cas de nos deux monarchies parle-
mentaires, mais bien de défauts d'organisation première,
faciles à discerner, et auxquels il est possible de porter
remède.

Pourquoi elle n'a pas réussi en France. — Dans notre
première organisation républicaine, en 1792, le pouvoir
tout entier, aussi bien l'exécutif que le législatif, avait été
confié à une Assemblée unique, la Convention nationale.
Ce pouvoir illimité, sans aucun contrôle, aucun frein
extérieur, devait nécessairement se laisser entraîner à des
excès. Rien n'ayant été préparé pour le redresser ou le
contenir dans ses égarements, il devait tomber, et il est
tombé dans le despotisme. Or, le despotisme d'une
Assemblée n'est pas plus supportable que celui d'un
homme. Fatigué de ce régime, après quelques tentatives
infructueuses pour améliorer sa situation, le peuple français a cru trouver le repos sous le sceptre autoritaire de
Napoléon Ier. Ce choix nous a valu une longue suite de
guerres, l'inimitié de l'Europe, et deux invasions succes-
sives.

Dans notre deuxième organisation républicaine, en
1848, le pouvoir législatif était confié à une Assemblée unique, et le pouvoir exécutif à un président de la République. Mais la pondération, ainsi établie, était beaucoup
plus apparente que réelle : d'un côté, le président, chef du
pouvoir exécutif, ayant à sa disposition tous les emplois,

2

toutes les faveurs, conséquence d'une gigantesque centralisation ; de l'autre, une Assemblée impuissante et dépour-
vue de tous moyens pratiques de se faire obéir, ou même
de faire sentir son influence. Dans de pareilles conditions,
la lutte était impossible ; le plus faible devait nécessairement succomber, et c'est ce qui a eu lieu. Cette organisation vicieuse nous a conduit au deuxième empire, pâle
image du premier sous le rapport de la gloire militaire,
mais qui s'est terminé comme lui par l'invasion du territoire.

Constitution républicaine des États-Unis. — Ce qu'il
faut à la France, ce n'est ni la république de 1792, avec
une Convention autoritaire, ni celle de 1848 avec deux
pouvoirs inégaux, dont l'un armé de toutes les forces de
la centralisation. Il lui faut une république pondérée,
dans laquelle les deux pouvoirs, aussi bien l'exécutif que
le législatif, soient sagement divisés et balancés, de façon
qu'aucun d'eux ne puisse tomber dans le despotisme. Il
faut ensuite que le tout soit surmonté d'une décentralisation poussée aussi loin qu'on pourra le faire, sans détruire
notre unité nationale dans ce qu'elle a de véritablement
utile et bienfaisant.

Un régime pareil fonctionne depuis 83 ans (¹) aux États-
Unis de l'Amérique du Nord. Il a survécu à plusieurs
guerres étrangères, et une guerre civile des plus terribles,
sans qu'on ait senti le besoin de le changer. Enfin, il a
porté à un haut degré de prospérité et de puissance un
pays dont la population égale et la superficie dépasse
celles de la France.

(¹) La constitution des États-Unis porte la date du 21 septembre
1787. Elle a été adoptée par une assemblée constituante (Convention)
sur la proposition d'un comité de 25 membres. Ce comité, de même
que l'assemblée, était présidé par George Washington.

De la Chambre des représentants. Du Sénat. — La constitution des États-Unis, comme chacun le sait, établit
trois pouvoirs : une Chambre des représentants, un Sénat,
un président de la république. La Chambre des représentants comprend 243 membres, nommés par le suffrage
universel et direct; le Sénat 74 membres nommés par le
suffrage à deux degrés. Réunies, ces deux Chambres
constituent le Congrès, chargé du pouvoir législatif qui se
trouve ainsi partagé entre deux Assemblées indépendantes
l'une de l'autre. Dans la pratique, les représentants s'occupent plus particulièrement des questions budgétaires, et
les sénateurs des questions de haute politique. Les représentants, renouvelés en totalité tous les deux ans, constituent l'élément *progressif;* les sénateurs, nommés pour
six ans, et renouvelés par tiers tous les deux ans, constituent l'élément *conservateur.* Mais quelle que soit la nature
des projets présentés, ils ne deviennent lois qu'après
avoir subi le double examen et reçu la double sanction.
Le président ne peut d'ailleurs s'y opposer; mais, en cas
d'objections de sa part, on doit procéder à une nouvelle
discussion et un nouveau vote dans chaque Chambre.

On voit donc que, dans la constitution américaine,
toutes précautions ont été prises pour empêcher l'entraî-
nement et prévenir les excès auxquels peut se trouver
conduit un pouvoir législatif unique; entraînements et
excès qui ont amené la chute de la république de 1792.

Du président de la république. — Des précautions non
moins grandes ont été prises pour prévenir les abus de
pouvoir de la part du président de la république. Afin
d'affaiblir la force morale que confère l'élection populaire,
ce haut fonctionnaire n'est nommé que par le suffrage à
deux degrés. Il est bien le chef du pouvoir exécutif, mais
ses actes les plus importants ne peuvent s'accomplir

qu'avec le concours du Sénat. Ainsi, il ne peut nommer les fonctionnaires publics que *sur l'avis* et *avec le consentement* de ce corps. Le principe est établi par la constitution pour toutes les fonctions publiques; mais, dans la pratique, l'intervention du Sénat n'apparaît que pour les emplois élevés; les emplois inférieurs sont laissés à la nomination du président seul ou même des chefs de service. Dans chaque cas, et pour chaque emploi, le mode de nomination est fixé par la loi.

Les attributions du président ne sont pas seules restreintes; il en est de même de son traitement, qui n'est que de 150,000 fr. par an. Que l'on compare ce chiffre modeste avec celui de 25 millions par an, que recevait naguère l'empereur des Français. D'ailleurs, le président des États-Unis n'a point de garde particulière, point de famille à doter par la nation, point de cour, point de palais somptueux. Sa résidence, qui lui est fournie par l'État, consiste en une modeste maison, bien connue sous le nom de *White-House* (Maison-Blanche).

Ainsi donc, soit au point de vue des emplois auxquels il peut nommer, soit à celui de l'argent dont il peut disposer, le président des États-Unis n'a pas les moyens de se faire des partisans assez nombreux ou assez puissants pour l'aider à faire un *coup d'État,* au cas où, violant ses serments, il serait tenté de l'essayer. La cause principale qui a déterminé la chute de notre république de 1848, a donc été prévue dans la constitution américaine, et des mesures très énergiques et très efficaces ont été prises pour prévenir cette éventualité.

De la décentralisation aux États-Unis. — Je vais maintenant exposer comment les Américains ont résolu le problème, si discuté de nos jours, de la décentralisation.

Le Congrès des États-Unis, avec le concours du président, exerce bien son action sur la totalité du territoire, mais il ne l'exerce que pour des sujets déterminés, en nombre limité, et que la constitution a pris soin de définir d'une manière détaillée (¹). Ces sujets comprennent tout ce qui concerne la défense nationale, les finances générales, les relations avec les pays étrangers, en un mot, les affaires qui, en France, ressortissent aux ministères de la guerre, de la marine et des colonies, des affaires étrangères et des finances (y compris l'administration des postes et celle des douanes). Ces quatre ministères sont seuls centralisés et fortement constitués aux États-Unis. Nos cinq autres ministères : Intérieur, agriculture et commerce, travaux publics, justice et cultes, instruction publique, ou n'ont pas de représentants à Washington, ou n'y sont représentés que d'une manière incomplète (²). Sauf quelques exceptions peu importantes, les affaires qui les concernent sont, pour la législation comme pour l'exécution, entièrement abandonnées aux gouvernements locaux.

Cette division du travail présente plusieurs avantages. En premier lieu, le gouvernement central se trouvant débarrassé par elle des innombrables détails de l'administration intérieure du pays, son attention peut se concentrer entièrement sur les questions de haute politique, défense nationale, alliances diplomatiques, traités de commerce, etc., questions qui ne peuvent être négligées ou traitées légèrement, car elles touchent à l'existence même de la nation. En second lieu, les questions d'administration intérieure étant, pour la décision, renvoyées aux lieux

(¹) Voir la note B donnant le détail des attributions du Congrès américain.

(²) Ainsi, par exemple, il existe à Washington un ministère de l'intérieur (Home office) qui a pour attributions les affaires avec les Indiens, la vente des terres publiques et les pensions civiles et militaires.

mêmes où elles se produisent, il est à présumer que les solutions y sont mieux étudiées, plus promptes, plus pratiques, peut-être plus honnêtes, et certainement plus conformes aux besoins des intéressés (¹).

Enfin, la décentralisation américaine a pour résultat de diminuer considérablement le nombre des emplois à la nomination du président de la république. Tocqueville estime qu'aux États-Unis ce nombre est de 12,000 seulement, le nombre correspondant en France étant de 138,000. C'est un grand affaiblissement apporté au patronage présidentiel, et, par suite, une garantie nouvelle contre les tentatives d'usurpation du pouvoir exécutif.

Des gouvernements locaux. — Voici maintenant quelle est l'organisation des gouvernements locaux auxquels la constitution américaine fait une si large part dans la législation et l'administration du pays, en ce qui concerne ses affaires intérieures.

Le territoire de l'Union américaine est divisé en 37 circonscriptions dont chacune forme un *État* (²). Chacun de ces États possède une constitution propre, qui est l'image fidèle de la constitution fédérale. Ainsi, il y a dans chaque

---

(¹) Il est à remarquer que le système de décentralisation des États-Unis a été adopté, sauf des modifications peu importantes, dans la constitution de l'Allemagne du Nord. Les événements qui se passent en ce moment montrent quelle puissance militaire et quelle habileté diplomatique ce régime de centralisation, réduite aux sujets importants, a permis à l'Allemagne de développer après un petit nombre d'années de fonctionnement.

(²) Je ne compte pas ici les circonscriptions qui portent les noms de *territoires* ou *districts,* et qui sont au nombre de 9. Ces territoires et districts sont, comme nos colonies, gouvernés par des lois spéciales. La surface totale des États-Unis est de 8 millions de kilomètres carrés, et la population de 37 millions d'habitants. On sait que la surface de la France est de 543 mille kilomètres carrés, et la population de 38 millions d'habitants.

État une *législature* composée de deux Chambres, et un pouvoir exécutif à la tête duquel est placé un *gouverneur*. Ces trois pouvoirs émanent du corps électoral particulier à l'État, de même que les trois pouvoirs qui constituent le gouvernement central émanent du corps électoral entier de l'Union (¹).

Dans chaque État, les trois pouvoirs précités font les lois, et administrent les affaires publiques souverainement dans tout ce que la constitution des États-Unis n'a pas positivement réservé au gouvernement central. Mais dans tout ce que la constitution a réservé à ce dernier, les pouvoirs locaux sont subordonnés. Ils reçoivent l'impulsion et sont tenus de s'y conformer. Lorsqu'il y a des conflits d'attributions entre le gouvernement central et les gouvernements locaux, la *Cour suprême* des États-Unis prononce et interprète la constitution.

Chacun des États de l'Union est divisé en un certain nombre de *comtés*. Le comté américain est, pour la population américaine, l'équivalent moyen d'un arrondissement français. Il y a, dans chaque comté, une cour de justice, un shérif, un coroner, un greffier, un archiviste, plusieurs juges de paix, etc. Quelques comtés ont des conseils électifs analogues à nos conseils d'arrondissement, d'autres n'en ont pas. Le budget du comté est voté par la législature de l'État.

Chaque État possède une cour supérieure, qui correspond à l'une de nos cours d'appel. Les juges de cette

---

(¹) Dans la première constitution de l'État de Pensylvanie, Franklin, entraîné par une théorie trop absolue, avait fait prévaloir le principe d'une législature comprenant une Chambre unique. Après avoir vu fonctionner ce système, Franklin en reconnut les inconvénients pratiques, et proposa *lui-même* son abandon et son remplacement par une législature avec deux Chambres. Tous les États américains ont adopté la législature avec deux Chambres.

cour, ceux des tribunaux de comté, et les autres fonctionnaires de l'État et du comté, sont nommés par le gouverneur avec l'assentiment d'une des Chambres de la
législature.

Des communes. — Après les comtés américains viennent les *town-ships* (communes), qui tiennent le milieu,
pour la population, entre les communes et les cantons
français. Cette extension de la commune facilite le recrutement, dans de bonnes conditions, des fonctionnaires
municipaux, recrutement assez difficile en France, dans
les petites localités. On y trouve encore l'avantage de
diminuer les frais généraux d'administration des affaires
communales, ceux relatifs aux écoles, au culte, etc.

L'organisation des communes n'est point la même dans
les divers États de l'Union; elle est même extrêmement
variable ([1]). Certaines communes ont des conseils municipaux, d'autres n'en ont point, et leurs affaires sont
gérées par des délégués, indépendants entre eux, et qui
portent le nom de *select-men* (hommes choisis). Dans
quelques communes, le maire est nommé par le conseil
municipal; dans d'autres, il est nommé par le peuple.
Jamais il n'est nommé par une autorité supérieure et
étrangère à la commune.

Chaque commune a un certain nombre de fonctionnaires : ce sont les *assesseurs,* qui répartissent l'impôt; les

([1]) Cette variété paraît due à l'*émigration*, qui a été et est encore le
principal moyen de recrutement de la population américaine. Certains
émigrants, et notamment les Allemands, arrivent aux États-Unis par
masses, comprenant des villages entiers, avec leur bourgmestre,
leurs pasteurs, leurs fonctionnaires municipaux, etc. Ces émigrants
apportent ainsi avec eux les institutions communales de leur mère-
patrie. Ces institutions prennent place sans obstacle dans l'organisation générale américaine, celle-ci admettant comme principe
l'indépendance absolue de la commune.

collecteurs, qui le lèvent; le *caissier,* qui l'encaisse; le
greffier, qui tient l'état civil; le *constable,* chargé de la
police; l'*inspecteur des routes,* le *commissaire des écoles,* etc.
Tous ces fonctionnaires sont nommés par le suffrage
universel. Aucun citoyen ne peut, sous peine d'amende,
se refuser à remplir ces fonctions. D'ailleurs, toutes sont
rétribuées (¹). Enfin, les fonctionnaires communaux doivent leur concours au gouvernement de l'État ou à celui
de l'Union. C'est, comme on voit, le contraire de ce qui
a lieu en France, où le gouvernement central prête aux
communes un certain nombre de ses fonctionnaires.

En résumé, la commune américaine s'administre d'une
manière parfaitement indépendante en tout ce qui concerne ses affaires intérieures. Elle arrête souverainement
son budget, recettes et dépenses. Elle peut acheter, vendre,
emprunter, poursuivre en justice ou être poursuivie; le
tout, sans intervention d'une autorité supérieure quelconque. Elle joue aux États-Unis le même rôle que joue en
France une société anonyme libre. Comme cette dernière,
elle subit les conséquences de sa gestion, habile ou mal-
habile, honnête ou déshonnête. Comme elle, elle est tenue
de se conformer aux lois; ses obligations ne vont pas plus
loin.

*Observations générales sur la décentralisation améri-
caine.* — Tels sont les caractères généraux de l'organisation américaine, en ce qui a trait à la décentralisation.
Ils peuvent se résumer ainsi : conserver à la commune

(¹) La rétribution s'opère habituellement sous forme d'honoraires
(fees), d'après un tarif fixé par une loi, et qui accorde une allocation
modique et définie pour chacune des opérations du fonctionnaire.
Ainsi, par exemple, on fait en ce moment, aux États-Unis, le recensement de la population. Les agents chargés d'effectuer cette opération
perçoivent 2 centimes américains par tête recensée. Le recensement
terminé, la rétribution cesse.

l'initiative et la décision des affaires qui ne concernent que la commune; conserver à l'État les affaires qui ne concernent que l'État; réserver au gouvernement central les seules affaires d'un ordre élevé qui concernent le pays considéré dans son ensemble.

Il va sans dire que pour les affaires qui concernent à la fois plusieurs communes, plusieurs comtés, ou plusieurs États, sans pour cela être d'un intérêt général, ces communes, comtés ou États, ont toute liberté de se concerter pour les résoudre collectivement, sans aucune intervention supérieure. C'est ce qui a lieu notamment quand il s'agit d'établir des chemins de fer, des routes, des canaux, traversant plusieurs États. Les gouverneurs de ces États se concertent entre eux, désignent des ingénieurs qui font les études en commun, et il n'est pas nécessaire de recourir au gouvernement central de Washington pour l'approbation des plans et l'allocation des fonds. Tout se traite dans les législatures et les administrations locales, à moins que l'affaire ne soit d'un intérêt général pour toute l'Union.

De la ville choisie pour capitale des États-Unis. — Le siége du gouvernement central des États-Unis n'a pas été établi dans une grande ville, telle que New-York, Philadelphie, Boston, quelle que fût déjà leur importance lorsque ce choix a été fait. Ce siége a été établi à Washington (1), ville de second ordre, sans industrie ou commerce propres, et dont la population est presque entièrement composée de fonctionnaires publics, membres du Congrès, ministres

(1) A l'époque où elle a été choisie comme capitale, Washington était une très petite ville. Depuis lors, sa population a tout naturellement augmenté. En 1860, elle n'était encore que de 61,000 habitants. Il se forme en ce moment, aux États-Unis, un *mouvement* pour obtenir le déplacement de la capitale; mais ce n'est point pour l'établir dans une grande ville; c'est pour lui donner une position plus centrale, en la rapprochant des nouveaux États formés dans l'Ouest.

étrangers, etc. Washington est le chef-lieu d'un district du même nom. D'après la constitution, la superficie de ce district ne peut dépasser 26 kilomètres carrés. Il n'a point de constitution propre, comme les États de l'Union; mais il est, en toutes choses, gouverné par le Congrès.

Ces dispositions ont été prises, d'une part, pour soustraire le gouvernement central à l'influence démoralisante qui résulte du séjour dans une très grande ville; d'autre part, pour assurer la parfaite indépendance du Congrès. Ce dernier, résidant dans une ville de second ordre, peut élaborer ses lois et exercer ses pouvoirs, sans être exposé à la pression extérieure d'une nombreuse population. L'histoire des États-Unis présente, comme la nôtre, le spectacle d'agitations populaires dans les grandes villes commerciales et industrielles. Là, comme ailleurs, des minorités turbulentes cherchent à obtenir par la violence et l'intimidation le triomphe de leurs idées. Mais ces agitations ne se produisent point dans la capitale de l'Union, et le calme le plus parfait n'a jamais cessé de régner autour des Assemblées américaines, condition indispensable pour faire de bonnes lois et prévenir les révolutions ([1]).

Des fonctionnaires publics américains. — Le caractère essentiel des fonctionnaires publics américains est d'être moins payés que les nôtres dans les fonctions élevées, et

---

([1]) Voir, note C, un extrait de Tocqueville sur le *Choix de la capitale des Etats-Unis*.

Il est à remarquer que les mêmes principes ont présidé au choix des chefs-lieux de quelques-uns des gouvernements locaux. Ainsi, dans l'état de New-York, la législature siége dans la petite ville d'Albany, et non pas à New-York, ville la plus populeuse, et par suite la plus excitable des États-Unis. Malgré sa population de 1,061,000 habitants, New-York n'est encore qu'un simple chef-lieu de comté (arrondissement).

plus payés dans les fonctions secondaires. On a vu ci-dessus quel était le traitement du président des États-Unis. Les ministres américains reçoivent 32,500 fr. d'appointements, et les ministres français de 100,000 fr. à 120,000 fr. (¹). Par contre, les commis des ministères, qui doivent vivre à Paris avec des traitements variables de 1,200 fr. à 3,600 fr., reçoivent à Washington de 5,420 fr. à 8,672 fr.

Les fonctionnaires américains sont moins hiérarchisés que les nôtres et moins assujettis à la réglementation. Les fonctions de chacun sont mieux définies et plus distinctes des fonctions voisines. Ils jouissent, dans l'exercice de ces fonctions, d'une certaine indépendance, et leur initiative est plus prononcée.

Les fonctionnaires civils américains ne portent pas d'uniforme, et la tendance en toutes choses est de les distinguer le moins possible du reste des citoyens.

De leur responsabilité. — Je vais maintenant expliquer comment s'opère, aux États-Unis, la surveillance et le redressement des fonctionnaires publics. Il n'y a point, dans ce pays, de Conseil d'État (²) chargé, comme en France, de décider s'il y a lieu de poursuivre les fonctionnaires pour leurs actes. Mais il faut se garder d'en conclure que ces fonctionnaires sont soumis à la loi commune. Ils sont au contraire l'objet d'une juridiction particulière

(¹) Je donne ici les chiffres portés au dernier budget français. En réalité, ces chiffres étaient plus que doublés pour quelques-uns des ministres de l'empire, par les allocations supplémentaires qu'ils recevaient comme membres du Conseil privé, du Maréchalat, du Sénat et de la Légion-d'Honneur.

(²) On sait que le Conseil d'État est une création de Napoléon Iᵉʳ. Ce corps n'a point d'analogue aux États-Unis. Le Congrès de ce pays s'est réservé, avec une exclusion jalouse, tout ce qui a trait à l'initiative et à l'élaboration des lois.

qui, tout en donnant au public de plus grandes garanties d'indépendance dans les jugements, est plutôt faite pour élever que pour abaisser les fonctions publiques.

En ce qui concerne le président de la république, le vice-président, et les autres fonctionnaires fédéraux, ils ne peuvent être accusés que par la Chambre des représentants, et jugés que par le Sénat. Ce dernier, si l'accusation lui paraît motivée, a le pouvoir de suspendre ou même de casser le fonctionnaire incriminé (¹). Mais il ne peut lui infliger aucune autre punition, civile ou criminelle. En revanche, une fois le jugement du Sénat rendu, s'il est défavorable, le privilége du fonctionnaire disparaît, et ce dernier devient, pour l'acte qui lui a été reproché, justiciable des tribunaux ordinaires, comme un simple citoyen.

En ce qui concerne les gouverneurs, sous-gouverneurs et autres fonctionnaires des États ou des comtés, ils sont, dans la même forme que les précédents, justiciables de la législature de l'État auquel ils appartiennent respectivement.

Quant aux fonctionnaires communaux, ils sont, dans chaque comté, justiciables de la *cour des sessions,* tribunal spécial formé par la réunion de trois juges de paix désignés par le gouverneur de l'État. L'accusation, quand il s'agit de fonctionnaires communaux, peut être intentée par un citoyen quelconque.

De la Justice. — Il y a, aux États-Unis, une cour suprême, qui, pour le rang et quelques attributions, correspond à notre cour de cassation. Mais la cour suprême des États-Unis a reçu en outre la très haute mission d'interpréter la constitution. Elle prononce souverainement dans les

(¹) C'est ce qu'on appelle aux États-Unis *jugement pour empêchement* (trial by impeachment).

conflits qui surviennent, soit entre le gouvernement central et les États respectifs, soit entre les États eux-mêmes.

Il y a, dans chaque État, une cour supérieure qui correspond à nos cours d'appel, et dans chaque comté, une cour secondaire qui correspond à nos tribunaux d'arrondissement. Les juges de paix, le jury, et quelques tribunaux spéciaux, notamment des cours d'amirauté pour les affaires maritimes, complètent l'organisation judiciaire des États-Unis.

Les juges de la cour suprême et des autres tribunaux fédéraux sont nommés par le président de la république. Les juges des cours supérieures des États ou des tribunaux de comté, ainsi que les juges de paix, sont nommés par les gouverneurs, et, dans quelques États, par le suffrage universel. En général, ces magistrats sont inamovibles ; quelquefois ils peuvent être révoqués avec le concours des législatures.

Les juges américains ont à appliquer deux espèces de lois. Les unes sont faites par le Congrès, les autres par les législatures locales. Lorsqu'il y a divergence, les lois du Congrès l'emportent, et tous les juges prêtent serment à cet effet. Les lois faites par les législatures locales ne sont pas toujours les mêmes dans les divers États, et ce défaut d'unité frappe les étrangers ; mais il ne faut pas s'exagérer ces divergences, qui ne portent en général que sur des objets secondaires. Le défaut d'unité dans les lois, conséquence de la décentralisation, se rencontre également dans la Grande-Bretagne, où les lois écossaises diffèrent des lois anglaises, et en Prusse, où les lois de la rive gauche du Rhin diffèrent de celles de la rive droite. L'essentiel est que les populations soient satisfaites. D'ailleurs, la décentralisation est à ce prix.

Des cultes. — Les cultes sont entièrement libres aux États-Unis, et la constitution interdit même formellement de faire des lois pour établir une religion ou pour en prohiber aucune. Il faut bien se garder d'en conclure que la religion soit moins respectée pour cela aux États-Unis, et ses ministres moins honorés ou moins bien rétribués qu'en France. C'est précisément le contraire qu'on peut observer.

Tout ce qui regarde le culte étant en dehors de l'action de l'État, se règle localement et de concert entre les fidèles et leurs ministres respectifs. De là résultent entre les uns et les autres des relations journalières, basées sur des services réciproques, et qui sont très favorables au développement de la religion. L'exemple des États-Unis nous semble démontrer d'une manière évidente, que le moyen le plus efficace de réveiller en France l'esprit religieux consisterait à établir une séparation absolue entre l'État et les diverses Églises [1].

De l'armée. — Il existe une armée permanente aux États-Unis; l'effectif en est réglé chaque année par le Congrès. Il est extrêmement faible en temps de paix; en ce moment, il est inférieur à 35,000 hommes [2], et des

[1] Tocqueville, dans son ouvrage sur la *Démocratie aux États-Unis,* contient le passage suivant : « Je trouvai que tous les membres du » clergé catholique attribuaient principalement à la complète sépara- » tion de l'Église et de l'État l'empire paisible que la religion exerce » en leur pays. Je ne crains pas d'affirmer que pendant mon séjour » en Amérique, je n'ai pas rencontré un seul homme, prêtre ou » laïque, qui ne soit tombé d'accord sur ce point..... En Europe, le » christianisme a permis qu'on l'unît intimement aux puissances de la » terre. Aujourd'hui, ces puissances tombent, et il est comme ense- » veli dans leurs débris. C'est un vivant qu'on a voulu attacher à des » morts. Coupez les liens qui le retiennent, il se relèvera. »

[2] Le chiffre exact, pour 1870, est de 34,870 hommes, dont 2,488 officiers et 32,382 soldats. D'après l'acte du Congrès sur la

réductions s'opèrent incessamment. Avant la guerre de
sécession, l'effectif est descendu jusqu'à 6,000 hommes.
L'armée américaine est presque entièrement employée à
défendre le territoire de l'Ouest contre les incursions des
Indiens.

En outre de l'armée permanente, il existe une milice
américaine, que la constitution oblige chaque État d'avoir
constamment à la disposition du gouvernement fédéral.
Les officiers de cette milice sont nommés, savoir : les
chefs supérieurs par le gouverneur de l'État avec le concours de la législature, les chefs inférieurs par les miliciens eux-mêmes. En cas de guerre, d'invasion, ou de
rébellion, le président des États-Unis prend le commandement supérieur des milices, comme celui de l'armée
permanente.

On rencontre rarement des soldats dans les villes américaines; le service y est fait et l'ordre public maintenu
exclusivement par les milices, ou par un corps de *police-
men* analogues à ceux d'Angleterre (¹).

Des finances. — Pendant longtemps, les États-Unis
n'avaient pas de dette, et leurs budgets annuels étaient en
équilibre. La guerre de sécession, qui a duré quatre ans,
ayant donné lieu à d'énormes dépenses, et l'accroissement
des impôts, décidé à cette occasion, n'ayant pas suffi pour

réduction de l'armée, l'effectif de 1871 doit être diminué de 211 officiers et 2,382 soldats. On arrivera ainsi, graduellement, à l'effectif
antérieur à la guerre de sécession. Pendant cette guerre, l'effectif a
dépassé 1 million d'hommes.

(¹) L'organisation militaire des États-Unis est très bien appropriée
à leur situation isolée, et peu exposée aux attaques extérieures. Pour
un pays entouré de voisins puissants, il faudrait sans doute une
organisation plus vigoureuse. On trouvera à la note D, à titre de renseignements, un exposé sommaire de l'organisation militaire de
la Prusse.

les couvrir, il a fallu s'endetter. La dette américaine s'élève aujourd'hui à *13,090 millions.*

J'ai dit plus haut que les impôts avaient été accrus, à l'occasion de la guerre de sécession. Cette guerre terminée, l'augmentation a été maintenue. Au contraire, la paix a déterminé une grande réduction dans les dépenses publiques par suite du licenciement de la presque totalité de l'armée, la vente d'une partie du matériel de guerre et de la flotte militaire. Ces mesures énergiques ont eu pour conséquence de ramener les dépenses publiques à un chiffre très inférieur à celui des recettes. L'économie résultante est employée à rembourser la dette publique.

Du 30 juin 1869 au 30 juin 1870, les recettes publiques se sont élevées à 2,280 millions, et les dépenses à 1,670 millions seulement. Le remboursement de la dette a ainsi été de 549 millions pendant l'exercice [1]. Les États-Unis sont le seul peuple du monde qui pratique l'économie sur une aussi large échelle. Si ce régime continue, la dette américaine sera promptement payée, et de grandes réductions pourront être opérées dans les impôts. Quelques réductions ont déjà été faites dans les taxes intérieures [2].

Du papier-monnaie. — La dette américaine présente une particularité qui mérite d'être signalée. Sur les 13,090 millions qui la constituent en ce moment, le sixième environ, soit 2,208 millions ne portent pas d'intérêt. Ce sont

---

[1] Le système américain, consistant à payer les dépenses d'une guerre dans les années qui suivent immédiatement cette guerre, de manière à ne pas léguer de dette aux générations futures, a été recommandé aux Américains par Washington, dans son testament politique.

[2] Dans son dernier message au Congrès, le président Grant fait entrevoir la possibilité d'arriver un jour à *supprimer entièrement les impôts*, les revenus de la douane suffisant à solder les dépenses publiques.

des *greenbacks* (¹), sorte de papier-monnaie émis pendant la guerre. Cette émission a eu le double résultat de pourvoir à l'absence de numéraire et de réduire les sommes à emprunter pour les besoins de la guerre, dans un moment où l'emprunt ne pouvait être contracté que dans de très onéreuses conditions. Les économies opérées depuis la fin de la guerre ont été naturellement employées à rembourser la dette portant intérêt. Ces remboursements ont eu pour conséquence de relever le crédit public; aujourd'hui on se prépare à retirer graduellement le papier-monnaie.

Le greenback américain diffère essentiellement de l'ancien *assignat* français. Ce dernier avait reçu pour garantie spéciale et unique les biens du clergé, et la quantité d'assignats émis (45 milliards) dépassait de beaucoup la valeur de ces biens; de là, une inévitable dépréciation. Au contraire, le greenback américain repose sur le crédit général des États-Unis; il a été émis dans une proportion relativement modérée et par un acte solennel du congrès. Dans ces conditions et sous ces réserves expresses, l'émission du papier-monnaie nous semble un moyen très rationnel de se procurer de l'argent et de pourvoir à l'absence de numéraire en temps de grande crise nationale.

Des banques. — Nous croyons utile de faire suivre ces renseignements sur les finances américaines de quelques détails sur les banques existant dans ce pays. Chacun sait qu'en France le privilége d'émettre de la monnaie fiduciaire a été concédé à un établissement unique, opérant sous le contrôle de l'État, la *Banque de France*. Une

----

(¹) Greenback, dos vert, ainsi nommé à cause de la couleur du papier.

concession analogue a été faite en Angleterre, et dans les deux pays on n'a qu'à se louer de la parfaite sécurité, en même temps que de l'extrême commodité de ce régime unitaire.

Aux États-Unis on a adopté des principes contraires. Les banques de ce pays sont entièrement libres, et chacun peut en établir à volonté en se conformant à la loi qui régit ces établissements. On sait que la même liberté existe en Écosse et en Irlande. Ce régime libéral n'est assurément pas sans danger, et les abus sont possibles. Quoi qu'il en soit de ces abus, il est certain que les banques des États-Unis apportent au commerce et à l'industrie de ce pays des facilités de crédit véritablement extraordinaires, ainsi qu'on en peut juger par les détails suivants extraits d'un rapport du secrétaire de la trésorerie de Washington, en date du 8 octobre dernier.

A cette date, le nombre des banques américaines n'était pas moindre de 1,640, répandues sur toute la surface du pays. Leur capital d'établissement s'élevait à 2,323 millions, auxquels il faut ajouter des réserves s'élevant à 716 millions. Elles avaient émis pour 1,582 millions de billets de banque. Elles avaient pour 3,064 millions de dépôts, et leurs prêts s'élevaient à 3,844 millions.

En outre de leurs services au public général, les banques américaines en rendent de très grands au gouvernement. D'après la loi qui les régit, elles sont tenues de placer une partie de leur capital en rentes sur l'État ou bons du trésor, et de le déposer à Washington comme garantie de leurs billets. Les sommes ainsi placées par les banques s'élevaient à 2,041 millions à la date précitée du 8 octobre dernier.

Du système commercial. — On a vu plus haut que les recettes du trésor public américain, pendant l'exercice

1869-70, se sont élevées au chiffre total de 2,280 millions. Ce chiffre se décompose ainsi :

Taxes intérieures............ 1,044 millions.
Produits des douanes .... 1,236 —
Total égal........ 2,280

On voit par ces chiffres que les revenus américains reposent en majeure partie sur les recettes de la douane. On peut conclure de là que le Congrès, avec sa composition actuelle (¹), est essentiellement *protectionniste*. Peu accessibles aux considérations de la théorie économique, et pratiques avant tout, les Américains ont établi et supportent des tarifs d'importation qu'en France les protectionnistes eux-mêmes trouveraient exorbitants. A l'abri de ces tarifs, l'industrie américaine se développe très rapidement (¹). D'un autre côté, le chiffre très élevé des recettes de la douane permet de soulager le contribuable par le double jeu du remboursement de la dette et de l'abaissement des taxes intérieures.

De l'instruction publique. — Ainsi qu'on l'a vu ci-dessus, le gouvernement central n'intervient en rien dans les questions d'instruction publique, qui sont entièrement abandonnées aux gouvernements locaux. Il résulte de là qu'on

---

(¹) D'après les plus récentes statistiques, la Chambre des représentants actuelle comprendrait 139 républicains contre 104 démocrates.

Les *républicains*, qui forment la majorité, sont protectionnistes et centralisateurs. Les *démocrates*, qui forment la minorité, sont libres-échangistes et partisans de la décentralisation. Ces derniers ont gagné 37 voix dans les dernières élections, dont nous donnons ici le résultat. Le libre-échange est donc un progrès aux États-Unis comme en Europe.

(¹) Je n'entends parler ici que de l'industrie *intérieure*, et notamment des *fers*, dont la production augmente, depuis 1864, sur le pied moyen de 50 0/0 par an. Quant à l'industrie maritime, autrefois si prospère, elle souffre aux États-Unis comme en France.

ne rencontre point à Washington de grands établissements d'instruction supérieure comme il en existe à Paris. On peut même dire d'une manière générale, que les établissements d'instruction supérieure sont moins nombreux et moins bien dotés aux États-Unis qu'en France[1]; mais, par compensation, les établissements d'instruction primaire y sont considérablement plus nombreux et mieux dotés. Ainsi, par exemple, dans le seul État de New-York, dont la population est de 3,831,000 habitants, il y a 11,703 écoles publiques ou privées, employant 28,310 instituteurs ou institutrices, et recevant journellement une moyenne de 468,421 élèves.

Ces nombreuses écoles sont entretenues partie avec les allocations communales, partie avec les revenus des capitaux provenant de la vente des terres publiques, capitaux qui ne peuvent être détournés pour d'autres usages. Il y a aussi un grand nombre d'écoles libres entretenues par des contributions volontaires.

Une particularité des établissements américains d'instruction publique, c'est que les femmes y sont employées à enseigner dans les écoles de garçons. Ainsi, dans l'État de New-York, sur un total de 28,310, il y a 22,080 institutrices, et 6,230 instituteurs. On se trouve très bien de ce système, et on lui attribue ce plus grand respect de l'homme pour la femme qui distingue la société américaine. L'instruction publique n'est pas d'ailleurs la seule carrière qui soit ouverte aux femmes en Amérique : on en rencontre dans la médecine, dans le barreau, etc. [2]

---

[1] C'est pour ce motif que les jeunes Américains, appartenant aux familles riches, viennent en Europe terminer leur éducation dans les universités de France, d'Angleterre et d'Allemagne.

[2] A Londres, on vient d'introduire deux femmes dans le nouveau conseil d'instruction publique.

De la liberté de la presse. — La presse est entièrement libre aux États-Unis, et un article spécial de la constitution défend d'y apporter aucune entrave. Il résulte de là que les hommes publics ou même les simples particuliers sont fréquemment l'objet d'attaques dans les journaux et autres écrits. Le tempérament des Américains s'est fait à ce genre d'attaques, et d'ordinaire on ne s'en préoccupe point. D'ailleurs, ceux qui se trouvent blessés dans leur intérêt ou leur honneur ont toute faculté de s'adresser aux tribunaux pour obtenir le redressement de leurs griefs. Dans les poursuites de ce genre, la loi américaine admet l'accusé à fournir la preuve des faits par lui avancés. Si le jury trouve que ces faits sont réels et ont été publiés avec de bons motifs, l'accusé doit être acquitté.

Du droit de réunion. — Le droit de réunion est également consacré, d'une manière absolue, par la constitution américaine. Aussi, les *meetings* politiques sont-ils très fréquents aux États-Unis; ils ont toujours lieu sans armes. Si l'on observe d'autre part que les villes populeuses, dans lesquelles les réunions politiques se produisent le plus ordinairement, sont éloignées du siége du gouvernement, il est facile de reconnaître qu'elles ne doivent présenter aucun danger sérieux. Les Américains considèrent ces réunions publiques, soit intérieures, soit extérieures, comme un rouage essentiel avec un régime politique basé sur la souveraineté populaire.

De la loi électorale. — La constitution des États-Unis n'a établi aucune règle sur les conditions à remplir pour avoir le droit de voter dans les élections. Elle a laissé cette question entièrement à la décision des législatures locales; mais le Congrès s'est réservé le droit de faire sur ce sujet une loi d'ensemble, si le besoin s'en faisait sentir ultérieurement.

Généralement, les législatures locales ont adopté le principe du suffrage universel. Peuvent voter tous les citoyens américains âgés de vingt et un ans. Dans quelques États, il y a des exceptions qui portent sur les indigents, les domestiques à gages, ceux qui n'ont pas un an de résidence, ceux qui ne remplissent pas ponctuellement leurs devoirs de miliciens, etc.

Le vote a toujours lieu par bulletins écrits. Aucune mesure n'a encore été prise, dans les lois électorales américaines, pour la représentation des minorités (¹).

De l'application en France des institutions américaines. — Dans cette analyse rapide de nos institutions et de celles des Américains, j'ai eu surtout pour objet d'établir : 1° que la monarchie autoritaire n'était plus acceptable en France ; 2° que la monarchie représentative, qui séduit tant d'esprits élevés, n'y pourrait durer, parce que nous manquions de l'élément indispensable à sa stabilité, je veux dire une aristocratie fortement constituée ; 3° que la république n'avait succombé en France que par suite de défauts d'organisation première, défauts faciles à corriger ; 4° que la constitution des États-Unis avait prévu ces défauts avec un remarquable discernement, et qu'elle y avait pourvu d'une manière très efficace.

Si mes observations sont fondées, nous ne pouvons

(¹) On sait que le principe si équitable de la représentation des minorités reçoit aujourd'hui son application en Angleterre. Il y a plusieurs moyens de faire cette application.

Le plus simple paraît être le *vote cumulatif,* qui permet à chaque électeur, quand il y a plusieurs députés à nommer, de répéter le même nom plusieurs fois. Si, par exemple, il y a quatre députés à nommer, chaque électeur a la faculté, soit de désigner quatre noms différents, soit de répéter quatre fois le même nom. Dans ces conditions, et en se concertant, des électeurs formant une minorité d'un quart peuvent faire triompher un de leurs candidats.

rien faire de mieux, dans la situation où nous sommes, que d'adopter la constitution américaine. En introduisant dans notre pays un régime politique qui, depuis quatre-vingt-deux ans, fonctionne avec succès aux États-Unis, nous opèrerons avec certitude, et, ne donnant rien à l'inconnu, nous éviterons de nouvelles et dangereuses expériences.

Avec une armée de quelques milliers d'hommes, le gouvernement américain sait se faire obéir d'une population composée d'une foule de races, dont la religion, les intérêts, et même la langue, sont différents : Anglais, Irlandais, Allemands, Français, Espagnols, Chinois, Indiens. Le territoire sur lequel il exerce son autorité égale l'Europe en grandeur. J'ai vu fonctionner ce régime sur place, et je ne vois rien qui s'oppose à sa parfaite réussite en France. Beaucoup mieux que le régime monarchique, il se prête à notre état social et à notre amour passionné de l'égalité. Je crois même que le régime américain, importé chez nous, y donnerait des résultats encore meilleurs qu'aux États-Unis, parce que notre population est plus homogène et moins divisée d'intérêts.

Le système politique des États-Unis, il ne faut pas l'oublier, s'applique à un grand pays qui joue dans le monde un rôle chaque jour plus important. C'est une condition que ne remplit pas le régime républicain de la Suisse, auquel quelques personnes donnent la préférence. La Suisse, si digne d'admiration à tant d'égards, est un petit pays, et, de plus, un pays *neutralisé*. Les institutions qui lui conviennent ne sauraient suffire à la France, et il serait dangereux d'en faire l'expérimentation. Au contraire, la constitution américaine, outre qu'elle réussit pour un grand peuple, se fortifie de l'exemple de la constitution britannique, dont elle est une évidente émanation.

Les colonies anglaises de nouvelle formation ont adopté un régime similaire ([1]).

Comment faire cette application. — Pour appliquer en France le régime politique des États-Unis, il n'est pas nécessaire de reproduire dans notre pays la totalité des institutions américaines, mais il est indispensable d'adopter les principales, qui sont :

1° Division du pouvoir législatif entre deux Chambres indépendantes l'une de l'autre ;

2° Réduction du pouvoir exécutif, et partage, avec une des Chambres, de quelques-unes de ses attributions ;

3° Décentralisation de tout ce qui n'est pas absolument d'un intérêt général ;

4° Placement de la capitale dans une ville de second ordre.

Ces quatre dispositions comprennent tout ce qu'il y a de véritablement important dans la constitution américaine. Si les leçons de l'histoire sont de quelque valeur, on peut en conclure sûrement que tout régime républicain qui ne comprendra pas ces dispositions est fatalement condamné à périr, soit par les excès du pouvoir législatif, soit par les coups d'État du pouvoir exécutif, soit par les séditions populaires. Les autres institutions américaines sont, les unes supérieures, les autres inférieures à celles similaires françaises. Comme ensemble, il est indifférent de les adopter ou de les laisser de côté. Elles sont, d'ailleurs, variables dans les divers États, ce qui démontre suffisamment leur peu d'influence sur la stabilité de l'édifice constitutionnel.

Division régionale de la France. — Pour appliquer dans notre pays le système de décentralisation des États-Unis,

[1] Voir, note E, un aperçu de la constitution de la colonie de Victoria (Australie du Sud).

il sera nécessaire de remanier la division du territoire. Le fractionnement de la France en 89 départements est très bien conçu pour satisfaire aux convenances d'un gouvernement autoritaire basé sur le principe de la centralisation. Chaque département est trop peu important par lui-même pour présenter un centre sérieux de résistance à l'arbitraire du pouvoir central. On a *divisé pour mieux régner*. Le fractionnement en 36 provinces, qui existait sous l'ancienne monarchie, était plus favorable à l'indépendance locale; aussi cette indépendance était plus grande autrefois qu'aujourd'hui dans les questions d'administration intérieure. Mais il présentait l'inconvénient de très grandes inégalités territoriales. Ainsi, certaines provinces, telles que le Languedoc, contenaient jusqu'à huit des départements actuels; d'autres, comme la Touraine, l'Anjou, le Béarn, n'en contenaient qu'un. Il faut un fractionnement plus méthodique.

Je crois qu'une division de la France en 15 régions, contenant chacune une moyenne d'environ 6 départements ou 25 arrondissements, atteindrait le but recherché. En admettant, ce qui serait désirable, que les régions soient composées de manière à présenter toutes sensiblement la même population, chacune d'elles aurait environ 2,500,000 habitants. C'est la population des petits États indépendants de l'Europe, et notamment de la Suisse (¹). Cette grandeur de la région me paraît nécessaire pour la constituer fortement en même temps qu'économiquement,

---

(¹) Voici la population des petits États indépendants de l'Europe :

Portugal	4,000,000 habitants.	
Hollande	3,500,000	—
Suisse	2,500,000	—
Danemark	1,800,000	—
Grèce	1,500,000	—

au point de vue de son administration intérieure. Dans ces conditions, chaque région pourrait vivre de sa vie propre, et se gouverner d'une manière indépendante en tout ce qui ne doit pas être réservé au gouvernement central, dans l'intérêt de la force et de la prospérité générale de la nation.

Chaque région, ainsi formée, aurait une législature composée de deux Chambres indépendantes, et un gouverneur, chef du pouvoir exécutif régional. En dessous du gouverneur, seraient des sous-gouverneurs, placés à la tête des arrondissements. Ces sous-gouverneurs correspondraient à nos sous-préfets. Les préfets seraient supprimés, ainsi que les conseils généraux.

Les autres services publics seraient remaniés en conséquence de la nouvelle organisation. Ainsi, au chef-lieu de chaque région, il y aurait une cour d'appel, un commandement militaire, une trésorerie, une direction des travaux publics, une académie, un service des postes et télégraphes, etc. Parmi ces services, les uns, affectés aux affaires intérieures de la région, dépendraient du gouverneur; les autres, affectés aux affaires générales du pays, dépendraient du président de la république.

Les chefs-lieux de préfecture deviendraient des sous-gouvernements. Les services départementaux qui s'y trouvent aujourd'hui seraient supprimés, la centralisation se trouvant transportée au chef-lieu de la région. Ce transfert, qui a existé jadis (¹), serait encore plus facile aujourd'hui, avec nos moyens de communication perfectionnés, chemins de fer et télégraphes, qui n'existaient pas autrefois.

(¹) Dans l'ancienne organisation provinciale, un *intendant* était placé à la tête de chaque province pour son administration civile. En dessous de l'intendant se trouvaient des *subdélégués,* dont la circonscription correspondait à peu près à l'un de nos arrondissements.

Il n'y aurait rien à changer à l'organisation actuelle de nos arrondissements et de nos cantons. Mais il pourrait être utile d'augmenter l'étendue de nos communes et d'arriver graduellement à leur donner une indépendance complète, comme aux États-Unis. Dans tous les cas, nos conseils municipaux seraient conservés, et on pourrait leur confier le soin de choisir les maires.

Nouvelle capitale de la France. — La division régionale opérée, on procéderait au choix de la nouvelle capitale. Paris, en outre de ses inconvénients au point de vue politique, présente celui d'être beaucoup trop éloigné du centre de la France. Sous ces deux rapports, Bourges conviendrait mieux. Peut-être même serait-il avantageux de marcher encore un peu plus vers le Sud. Nos intérêts dans la Méditerranée sont considérablement plus importants que ceux que nous pouvons avoir dans la mer du Nord. D'autre part, l'acquisition de l'Algérie, à laquelle un si grand avenir est reservé, a eu pour conséquence de faire marcher vers le Sud le centre de gravité de la France.

Le choix à faire devant surtout être subordonné à des considérations de défense nationale, nous nous bornerons ici à poser la question, laissant à de plus compétents le soin de la résoudre. Mais, quelle que soit la ville choisie, si l'on veut atteindre complètement le but recherché par le déplacement de la capitale, il conviendra, comme aux États-Unis, de soumettre cette ville et son territoire à un régime politique spécial, calculé de manière à rendre aussi parfaite que possible l'indépendance du gouvernement central.

Par suite aux considérations qui précèdent, et afin de bien préciser mes propositions, j'ai rédigé le *Projet de Constitution* ci-annexé, dans lequel j'ai introduit, presque littéralement, tout ce qui m'a paru bon dans la constitution des États-Unis. Pour le reste, j'ai reproduit les institutions françaises.

PROJET DE CONSTITUTION

DE LA RÉPUBLIQUE FRANÇAISE

CHAPITRE Iᵉʳ.

Division du territoire, forme du gouvernement.

1. — Le territoire de la France est divisé en 15 régions, comprenant chacune un certain nombre d'arrondissements. La composition de chaque région sera réglée par une loi.

2. — La même loi désignera la ville qui devra servir de capitale à la France. Cette ville ne pourra, au moment de sa désignation, avoir une population de plus de 50,000 habitants.

La ville choisie, et l'arrondissement dont elle fera partie, seront détachés de la région qui les comprendra, pour être soumis à un régime politique spécial, réglé par une loi.

3. — Le gouvernement central exerce son autorité sur la totalité du territoire français. Il comprend trois pouvoirs distincts, savoir :

Une Chambre des représentants,

Un Sénat,

Un Président de la République.

La Chambre des représentants et le Sénat constituent le Congrès chargé de faire les lois. Le Président est le chef du pouvoir exécutif.

Ces trois pouvoirs s'exercent de la manière et dans les limites fixées par la présente constitution.

4. — En dehors de ces limites, et pour les affaires intérieu-

res, chaque région possède un gouvernement spécial. Ce dernier comprend pareillement trois pouvoirs, qui sont :

Une Assemblée régionale,

Un grand conseil,

Un gouverneur.

L'Assemblée régionale et le grand conseil constituent la législature chargée de faire les lois intérieures de la région. Le gouverneur est le chef du pouvoir exécutif.

5. — La présente constitution définit les attributions du gouvernement central. Chaque région arrête sa constitution propre, qui ne doit présenter rien de contraire à la présente constitution.

CHAPITRE II.

De la Chambre des représentants.

6. — Il y aura un représentant par arrondissement lorsque la population de cet arrondissement ne dépassera pas 100,000 habitants. En dessus de 100,000 habitants, et jusqu'à 200,000, il y aura deux représentants. En dessus de 200,000 et jusqu'à 300,000, il y aura trois représentants. Et ainsi de suite, en ajoutant un représentant par 100,000 habitants.

7. — Les représentants seront élus pour deux ans par le suffrage universel et direct.

8. — Pourront être représentants tous citoyens âgés de vingt-cinq ans, nés Français ou naturalisés, et habitant, au moment de l'élection, la région qui les aura choisis.

9. — Quand une place de représentant viendra à vaquer, le gouvernement de la région devra convoquer les électeurs de l'arrondissement compétent, de manière à effectuer le remplacement dans le délai maximum de quarante jours.

10. — La Chambre des représentants élit son président et les membres de son bureau.

11. — Cette Chambre exerce seule le pouvoir de mise en accusation pour cause politique.

CHAPITRE III.

Du Sénat.

12. — Il y aura huit sénateurs dans chaque région.

13. — Les sénateurs seront nommés, dans chaque région, par la législature de la région, à la majorité des voix, les deux Chambres réunies.

14. — Les sénateurs seront nommés pour six ans; ils se renouvelleront par tiers tous les deux ans. Les deux premiers renouvellements s'opèreront par tirage au sort. Après cela, les renouvellements auront lieu par ancienneté.

15. — Quand une place de sénateur viendra à vaquer dans une région, elle devra être remplie, dans le délai maximum de quarante jours, par la législature de la région. Si la vacance a lieu dans l'intervalle entre deux sessions, le délai ne courra qu'à partir de la plus prochaine réunion de la législature. Dans tous les cas, le sénateur remplaçant se substituera, pour la durée du mandat, au lieu et place du sénateur remplacé.

16. — Pourront être sénateurs tous citoyens âgés de trente ans au moins, nés Français ou naturalisés, et habitant, au moment de l'élection, la région qui les aura nommés.

17. — Le Vice-Président de la République sera de droit président du Sénat; mais il n'aura point droit de voter, à moins que les voix ne soient partagées également.

18. — Le Sénat élira les autres membres de son bureau, ainsi qu'un Président temporaire, pour le cas d'absence ou d'empêchement du Vice-Président de la République.

19. — Le Sénat aura seul le droit de juger les accusations intentées par la Chambre des représentants. Si c'est le Président de la République qui est accusé, le président de la Cour suprême ([1]) présidera le Sénat.

([1]) Je donne ce nom à notre Cour de Cassation, dont les attributions seraient étendues. (Voir chapitre VII.)

20. — Les jugements rendus par le Sénat n'auront d'autre effet que de priver l'accusé de sa place, et de le déclarer incapable de remplir de nouveau des fonctions publiques. Mais le fonctionnaire convaincu pourra être mis en jugement, jugé et condamné par les tribunaux ordinaires, conformément aux lois.

CHAPITRE IV.

Dispositions communes aux deux Chambres.

21. — Le temps, le lieu et le mode de procéder aux élections des sénateurs et des représentants, seront réglés, dans chaque région, par la législature de la région. Mais le Congrès pourra, s'il le juge utile, faire sur ce sujet une loi d'ensemble, applicable à toutes les régions.

22. — Le Congrès s'assemblera au moins une fois par an. L'ouverture obligatoire de sa session annuelle est fixée au premier lundi de décembre.

23. — Chaque Chambre sera juge de la validité des élections de ses membres.

24. — Chaque Chambre fera son règlement intérieur. Elle pourra infliger des amendes ou autres pénalités aux membres absents ou à ceux qui se rendraient coupables d'une conduite inconvenante. Elle pourra même les exclure. Mais l'exclusion ne pourra avoir lieu qu'à la majorité des trois quarts des membres présents.

25. — Les séances de chaque Chambre seront publiques. Mais, sur la demande de cinq membres, la Chambre pourra se former en comité secret.

26. — Les débats de chaque Chambre seront sténographiés et insérés *in extenso* dans le *Journal officiel* du lendemain. En outre, des comptes-rendus des séances, rédigés par des secrétaires placés sous l'autorité du président, seront mis, chaque soir, à la disposition des journaux.

27. — Aucune des deux Chambres ne pourra, pendant la

session du Congrès, et sans le consentement de l'autre, s'ajourner à plus de trois jours, ni transférer ses séances dans un local autre que celui où siégeront les deux Chambres (1).

28. — Les sénateurs et les représentants recevront, pour leurs services, une indemnité dont le chiffre sera fixé par une loi.

29. — Les sénateurs et les représentants ne pourront être inquiétés, interrogés et poursuivis, pour les discours qu'ils auront pu prononcer dans le Congrès. Des poursuites en matière civile et criminelle ne pourront être exercées contre eux qu'avec l'approbation de leurs Chambres respectives.

30. — Aucun sénateur ou représentant ne pourra, pendant la durée de son mandat, être nommé à une fonction publique quelconque. Aucun fonctionnaire public ne pourra être nommé sénateur ou représentant.

CHAPITRE V.

Des lois.

31. — Tout projet de loi, établissant des impôts, devra prendre naissance dans la Chambre des représentants. Mais le Sénat pourra y concourir par ses amendements, comme pour les autres projets de loi.

32. — Tout projet de loi qui aura reçu l'approbation du Sénat et de la Chambre des représentants sera, avant de devenir loi, présenté au Président de la République. Si ce dernier l'approuve, il y apposera sa signature. Dans le cas contraire, il le renverra, avec ses objections, à la Chambre où

(1) J'admets ici que les deux chambres qui exerceront le pouvoir législatif tiendront leur séance dans un même édifice. C'est ce qui a lieu aux États-Unis, dans le *Capitole,* et en Angleterre, dans le *Palais du Parlement.* Dans ce dernier pays, un projet est à l'étude pour placer tous les ministères dans un même édifice, pour faciliter l'expédition des affaires.

il aura pris naissance. Cette Chambre consignera intégralement les objections du Président dans son procès-verbal, et discutera de nouveau le projet. Si, après cette seconde discussion, les deux tiers de la Chambre se prononcent de nouveau en sa faveur, il sera envoyé à l'autre Chambre, avec les objections du Président, pour y être discuté également, et si la même majorité l'approuve, le projet deviendra loi.

Si, dans douze jours, le Président ne renvoie point un projet de loi qui lui aura été présenté, ce projet aura force de loi, comme s'il avait été approuvé par lui.

33. — Le Congrès aura le pouvoir :

1° D'établir et de faire percevoir des impôts, taxes et droits de toute nature, au profit du trésor public. Ces impôts, taxes et droits, devront être les mêmes dans toutes les régions;

2° D'emprunter de l'argent sur le crédit public, et de payer les dettes publiques;

3° De conclure des traités d'alliance, de commerce et autres, avec les pays étrangers;

4° De déclarer la guerre, conclure la paix, faire des règlements concernant les prises sur terre et sur mer;

5° De lever et entretenir des armées, créer et entretenir des forces maritimes, établir des règles pour l'administration des forces de terre et de mer;

6° De pourvoir à l'organisation, l'armement et l'équipement des gardes nationales, et d'ordonner leur mobilisation dans les régions où il sera jugé nécessaire, pour faire exécuter les lois, réprimer les insurrections et repousser les invasions;

7° De constituer une Cour suprême et des tribunaux subordonnés à cette Cour;

8° De définir et punir les pirateries et les crimes commis en haute mer, et les offenses contre le droit des gens;

9° De battre monnaie, d'en fixer la valeur, ainsi que celle des poids et mesures;

10° D'établir des bureaux de poste et de télégraphie;

11° D'établir des règles générales pour les naturalisations, le service sanitaire, les banques, les brevets d'invention, la propriété littéraire, les contrefaçons et les banqueroutes;

12° D'exercer la législation exclusive sur l'Algérie et les colonies, sur la ville qui servira de capitale et l'arrondissement qui la comprendra, sur les forteresses, arsenaux de terre et de mer, magasins et autres établissements d'utilité générale;

13° Enfin, le Congrès aura le pouvoir de faire toutes les lois nécessaires ou convenables pour mettre à exécution les attributions dont la présente Constitution investit le gouvernement central ou l'une de ses branches (¹).

34. — Aucun argent ne pourra être tiré du trésor public qu'en vertu de la loi sur le budget. On publiera, au moins une fois par an, un tableau des recettes et des dépenses publiques (²).

35. — Aucun titre de noblesse ne pourra être conféré à l'avenir. Une loi spéciale fixera les récompenses à accorder pour leurs services aux fonctionnaires militaires ou civils, ainsi qu'aux autres citoyens.

36. — Aucun fonctionnaire public ne pourra, sans le consentement du Sénat, accepter un présent, traitement, place, titre ou décoration, d'un roi, prince ou État étranger.

37. — La législature de chaque région pourra, sans le consentement du Congrès, établir les taxes locales qu'elle jugera nécessaires pour subvenir aux dépenses de la région. Mais

(¹) La nomenclature que je donne ici comprend la totalité des pouvoirs concédés au Congrès américain. J'y ai ajouté quelques articles (télégraphes, service sanitaire, banques), pour lesquels l'unité d'administration ou de législation m'a paru désirable. On pourrait certainement, sans détruire le principe de la décentralisation, étendre encore cette nomenclature. Mais il faut se défier de cette tendance. Toute addition d'attributions non absolument indispensable aura pour conséquence inévitable d'affaiblir le pouvoir central dans l'exercice de ses attributions nécessaires, celles que lui seul peut bien remplir.

(²) Aux États-Unis comme en Angleterre, l'exercice financier commence le 1er juillet d'une année et finit le 30 juin de l'année suivante. Les chambres se réunissant en décembre, les comptables ont cinq mois pour préparer leur compte. Ces comptes arrivent ainsi sous les yeux de la législature plus promptement qu'avec le système suivi en France, où l'exercice commence le 1er janvier et finit le 31 décembre.

aucune taxe d'importation ou d'exportation ne pourra être établie par une région sans le consentement du Congrès.

38. — Il ne pourra être apporté aucune entrave à la liberté commerciale entre les diverses régions.

39. — Le Congrès aura le pouvoir de disposer des propriétés appartenant à l'État et d'adopter à cet égard toutes mesures qu'il jugera convenables.

40. — Le Congrès ne pourra faire aucune loi pour prohiber une religion ou pour en favoriser aucune.

Dans le cas où la législature d'une région jugerait convenable de participer aux dépenses d'un culte déterminé, une allocation correspondante devrait être faite à tous les autres cultes pratiqués dans la région. L'allocation serait, pour chaque culte, proportionnelle au nombre des personnes pratiquant ce culte.

41. — Le Congrès ne pourra restreindre la liberté de la parole ou de la presse, ni attaquer le droit du peuple de s'assembler publiquement et sans armes et d'adresser des pétitions pour obtenir le redressement de ses griefs (1).

CHAPITRE IV.

Du Président de la République.

42. — Le Président de la République occupera sa place pendant quatre ans. Son élection, ainsi que celle du Vice-Président de la République, aura lieu ainsi qu'il suit.

43. — Chaque région nommera, de la manière qui sera prescrite par la législature, un nombre d'Électeurs égal au nombre total des sénateurs et des représentants que la région enverra au Congrès. Mais aucun sénateur, représentant ou fonctionnaire public, ne pourra être Électeur.

44. — Les Électeurs se rassembleront dans leurs régions

(1) Cet article n'existait point à l'origine dans la constitution américaine. Il a été ajouté ultérieurement.

respectives, et ils voteront au scrutin secret pour la nomination d'un Président et pour celle d'un Vice-Président. On relèvera les votes ainsi donnés, et on fera des listes de toutes les personnes portées pour la Présidence, et de toutes celles portées pour la Vice-Présidence, avec indication du nombre de voix obtenu par chacune d'elles. Ces listes seront certifiées et expédiées au Président du Sénat. Ce dernier, en présence des deux Chambres, ouvrira les procès-verbaux, et les votes seront comptés.

La personne réunissant le plus grand nombre de voix pour la Présidence sera Président, si ce nombre forme la majorité de tous les Électeurs réunis. Dans le cas contraire, la Chambre des représentants choisira le Président parmi les trois personnes réunissant le plus grand nombre de voix pour la Présidence.

La personne réunissant le plus grand nombre de voix pour la Vice-Présidence sera Vice-Président, si ce nombre forme la majorité de tous les Électeurs réunis. Dans le cas contraire, le Sénat choisira le Vice-Président parmi les trois personnes réunissant le plus grand nombre de voix pour la Vice-Présidence (¹).

45. — Le Congrès déterminera l'époque de la réunion des électeurs et le jour où ils donneront leurs suffrages, qui sera le même dans toutes les régions.

46. — Pourront être élus Président et Vice-Président de la République tous citoyens français nés en France, âgés de trente-cinq ans au moins, et n'appartenant à aucune des familles qui ont régné sur la France (²).

(¹) Ce mode de nomination du président de la République est littéralement celui décrit dans la constitution américaine. C'est, comme on voit, l'élection à deux degrés. On l'a choisi tel pour ne pas donner une trop grande force au président.

(²) Nous avons inscrit cette dernière condition par surcroît de précautions, et pour combler une lacune regrettable que présentait la constitution de 1848. Mais nous pensons qu'avec des attributions présidentielles aussi réduites que celles que comporte le régime américain

47. — En cas de mort, maladie ou suspension de fonctions, le Président sera remplacé par le Vice-Président. En cas de mort, maladie ou suspension de fonctions du Président et du Vice-Président simultanément, le Congrès, les deux Chambres réunies, désignera le fonctionnaire public qui remplira la vacance jusqu'à ce que l'empêchement cesse, ou qu'un nouveau Président soit élu.

48. — Le Président recevra, pour ses services, un traitement qui ne pourra être augmenté ni diminué pendant la période pour laquelle il aura été élu. Pendant le même temps, il ne pourra recevoir aucune autre allocation de la part de l'État ou d'une des régions.

49. — Avant d'entrer en fonctions, le Président prêtera le serment suivant :

« Je jure solennellement de remplir la place de Président » de la République française, et d'employer tous mes soins à » protéger, conserver et défendre la constitution. »

50. — Le Président est le chef du pouvoir exécutif. Il dirige tous les services publics; il veille à la stricte exécution des lois.

51. — Il est le commandant en chef de l'armée et de la flotte; il commande pareillement les gardes nationales de toutes les régions.

52. — Il reçoit les ambassadeurs et ministres étrangers; il signe les traités diplomatiques, de commerce et autres, après avoir pris l'avis et obtenu le consentement du Sénat.

53. — Il a le pouvoir d'accorder des diminutions de peine, ou même le pardon entier, mais seulement pour le cas de jugement des tribunaux dépendant du gouvernement central, et en exceptant le cas de mise en accusation par la Chambre des représentants.

54. — Il nomme et commissionne, sur l'avis et avec le consentement du Sénat, les ministres, ambassadeurs, juges de la

par nous adopté, la nomination d'un prince comme président ne présenterait aucun danger sérieux.

Cour suprême, et tous autres fonctionnaires publics à la nomination desquels il n'aura pas été pourvu d'une autre manière
par la présente Constitution. Mais le Congrès pourra, par une
loi, attribuer la nomination de ces employés secondaires au
Président seul ou aux chefs de service.

Le Président aura le pouvoir de remplir les places vacantes
dans l'intervalle entre les sessions, en accordant des commis-
sions temporaires qui expireront à la réouverture des Chambres.

55. — Une fois par an, et plus souvent s'il le juge utile, le
Président donnera au Congrès des informations sur l'état
général du pays, et recommandera à sa considération les
mesures qu'il jugerait convenable d'adopter.

56. — Le Président pourra, dans les circonstances extraordinaires, convoquer les deux Chambres ou l'une d'elles, et, en
cas de désaccord entre elles sur l'époque de leur ajournement,
il pourra fixer lui-même cette époque.

57. — Le Président et le Vice-Président peuvent être privés
de leur place si, à la suite d'une accusation par la Chambre des
représentants, le Sénat les reconnaît coupables de trahison, de
dilapidation des deniers publics, ou de quelqu'autre grand
crime ou délit.

CHAPITRE VII.

De la justice.

58. — Le pouvoir judiciaire central sera chargé de juger les
causes relatives à l'interprétation de la Constitution, des lois
générales de l'État, des traités avec les pays étrangers; les
causes concernant les ambassadeurs, ministres étrangers et
consuls; l'amirauté et les causes maritimes; les contestations
dans lesquelles l'État sera partie; les contestations entre les
régions ou entre citoyens de diverses régions; enfin, les
contestations entre une région ou ses habitants et les pays
étrangers.

Le pouvoir judiciaire régional sera chargé de juger toutes les autres causes.

59. — Les juges de la Cour suprême et des tribunaux dépendant du gouvernement central seront nommés par le Président de la République.

Les juges des Cours d'appel, tribunaux d'arrondissement, juges de paix et autres magistrats régionaux, seront nommés par les gouverneurs.

Tous ces magistrats seront inamovibles, sauf les cas de mise en accusation et jugement par les législatures.

60. — Le jugement de tous crimes, délits politiques ou délits de presse, est attribué au jury, à l'exception toutefois des cas de mise en accusation des fonctionnaires publics.

61. — Le jugement aura toujours lieu dans la région où le crime aura été commis. Mais si le crime n'a point été commis dans une région, le jugement aura lieu dans la région que le Congrès aura désignée à cet effet par une loi.

62. — Pleine confiance et crédit seront donnés, dans chaque région, aux actes publics et procédures judiciaires des autres régions.

63. — Un individu accusé dans une région et qui se sauvera dans une autre région sera, sur la demande de l'autorité exécutive de la première région, ramené dans cette dernière pour y être jugé par ses juges naturels.

CHAPITRE VIII.

De la force publique.

64. — Il y aura une armée permanente (¹) dont l'effectif sera réglé chaque année par une loi. L'armée permanente se

(¹) Nous regardons comme indispensable pour un pays placé dans les conditions de la France de posséder une armée permanente. Cette armée, dont l'effectif en temps de paix pourrait être limité à 60,000 hommes, serait employée dans une foule de circonstances où

recrutera exclusivement par engagements volontaires. La conscription sera abolie.

65. — Il y aura une garde nationale comprenant tous les Français valides de vingt à quarante-deux ans.

Les ministres des différents cultes pourront se faire exempter du service dans la garde nationale, moyennant le paiement d'une indemnité pécuniaire à régler par une loi (¹).

66. — La garde nationale sera divisée en quatre bans : le premier ban comprendra les hommes de vingt à vingt-trois ans; le deuxième ban ceux de vingt-trois à vingt-sept ans; le troisième ban ceux de vingt-sept à trente-deux ans, et le quatrième ban ceux de trente-deux à quarante-deux ans.

67. — Une loi spéciale, faite par le Congrès, organisera la garde nationale. Cette loi fixera le nombre de mois de service nécessaire pour assurer l'instruction première et complète des hommes du premier ban; le nombre de semaines et de jours nécessaires chaque année, et pour chaque ban, en vue d'entretenir son instruction première (²).

68. — Les gouverneurs de chaque région seront tenus de faire exécuter cette loi. Des inspections annuelles des gardes nationales seront faites, dans chaque région, par des officiers généraux désignés par le Président de la République.

69. — Le gouvernement central pourvoira à l'armement,

la garde nationale conviendrait mal. Telles sont les garnisons de la frontière algérienne et celles des colonies. L'armée permanente centraliserait les études sur l'art militaire. Elle fournirait des instructeurs à la garde nationale. Cette dernière ferait seule, en temps de paix, la police intérieure du pays. En cas de guerre, d'invasion ou de rébellion, elle serait, dans l'ordre des bans successifs, réunie à l'armée permanente.

(¹) D'après la constitution de l'État de New-York, l'indemnité doit *se régler sur la dépense de temps et d'argent que fait un bon milicien.*

(²) On peut réduire beaucoup le temps de service à exiger des gardes nationaux pour leur instruction, en ayant le soin de faire apprendre les exercices militaires aux enfants dans les écoles publiques. Ce système fonctionne en Suisse depuis 1848. On l'a pareillement adopté en Hollande, au Canada, etc.

l'habillement et l'équipement de la garde nationale. Un arsenal spécial et des magasins seront établis à cet effet dans chaque région.

Une inspection de ces établissements sera faite chaque année par le gouverneur de la région, qui devra s'assurer de l'existant. Ce dernier devra être toujours au complet.

70. — Les officiers de la garde nationale seront nommés, dans chaque région, par le gouverneur de la région. En temps de paix, nul ne pourra devenir sous-lieutenant que par voie de concours. Les candidats devront présenter au moins un an de service effectif.

71. — La garde nationale de chaque région sera placée sous le commandement du gouverneur de la région. En cas de guerre, d'invasion ou de rébellion, les gardes nationales des diverses régions seront mobilisées par une loi du Congrès et dans l'ordre successif des bans. Elles seront alors placées sous le commandement en chef du Président de la République.

72. — L'armée navale sera organisée sur les mêmes bases que l'armée de terre. Il y aura une flotte permanente pour le service des stations navales. Les équipages de cette flotte seront recrutés par l'engagement volontaire. Il y aura une garde nationale maritime divisée en quatre bans, dont l'instruction première et les exercices annuels seront réglés par une loi.

CHAPITRE IX.

Dispositions diverses.

73. — Les citoyens d'une région participeront à tous les droits et priviléges attachés au titre de citoyen dans les autres régions.

74. — Lorsque les progrès accomplis en Algérie ou dans l'une des colonies le justifieront, le Congrès pourra les introduire dans l'organisation générale de l'État sous forme de régions nouvelles, avec faculté de se donner une constitution

indépendante pour leurs affaires intérieures; mais aucune modification ne pourra être apportée aux régions établies, sans les consentements réunis du Congrès et des régions intéressées.

75. — Tous les pouvoirs que la présente Constitution n'a pas positivement réservés au gouvernement central seront dans les attributions formelles et exclusives des gouvernements régionaux.

76. — Le Congrès, toutes les fois que les deux tiers des membres de chaque Chambre le décideront, pourra proposer des amendements à la présente Constitution; mais ces amendements ne seront valables que lorsqu'ils auront été ratifiés par les deux tiers des législatures régionales.

77. — Cette Constitution, les lois qui seront faites en conséquence par le Congrès, ainsi que les traités avec les pays étrangers, constitueront la *loi suprême* de la France. Les juges de chaque région seront tenus de s'y conformer, nonobstant toute disposition qui, dans la Constitution ou les lois particulières d'une région, serait contraire à cette loi suprême.

78. — Les représentants du peuple, les sénateurs, les membres des législatures régionales, tous les juges et fonctionnaires publics, tant du gouvernement central que des gouvernements régionaux, seront tenus de prêter serment de soutenir et faire observer cette constitution.

NOTES

———

(A). *Sur la loi d'héritage en Angleterre et aux États-Unis.* — La loi anglaise permet à chaque citoyen de tester comme il l'entend, soit en faveur de ses enfants, également ou inégalement, soit même en faveur d'étrangers; mais il est fait exception pour la propriété territoriale lorsqu'elle a été l'objet d'une *substitution.* Pour ce genre de propriétés, l'héritage est transmis intégralement à l'aîné de la famille, qui peut être soit le fils, soit le plus proche héritier mâle du testateur, si ce dernier n'a que des filles. Les propriétés ne peuvent être substituées que pour trois générations; mais les substitutions peuvent se renouveler indéfiniment.

La loi américaine, comme la loi française, prescrit le partage égal entre les enfants, quand il n'y a pas de testament; mais elle concède la liberté de tester, ce que ne permet pas la loi française. La liberté de tester, sans consacrer le droit d'aînesse, qui est un reste de la féodalité, a l'avantage de fortifier l'autorité paternelle, et de faire obstacle à l'infinie division de la terre, à la destruction des maisons de commerce, des usines et autres établissements qui ne peuvent se diviser sans inconvénient. La loi américaine est donc plus libérale que la loi anglaise, et plus conservatrice que la loi française.

(B). *Pouvoirs du Congrès américain.* — Voici textuellement l'article de la constitution américaine relatif aux pouvoirs du Congrès :

« Le Congrès aura le pouvoir :

» 1º D'établir et de percevoir des taxes, droits, impôts et » excises, afin de payer les dettes publiques et de pourvoir à » la défense commune et au bien général des États-Unis;

» mais les droits, impôts et excises devront être les mêmes
» dans tous les États;

» 2° D'emprunter de l'argent sur le crédit des États-Unis;

» 3° De régler le commerce avec les nations étrangères,
» entre les divers États et avec les tribus indiennes;

» 4° D'établir une règle générale sur les naturalisations,
» des lois générales sur les banqueroutes;

» 5° De battre la monnaie, d'en régler la valeur, ainsi que
» celle des monnaies étrangères, et de fixer la base des poids
» et mesures;

» 6° D'assurer la punition de la contrefaçon de la monnaie
» courante, ainsi que du papier public des États-Unis;

» 7° D'établir des bureaux de poste, ainsi que des routes
» de poste;

» 8° D'encourager les progrès des sciences et des arts
» utiles, en assurant pour des périodes limitées, aux auteurs
» et inventeurs, le droit exclusif de leurs écrits et de leurs
» découvertes;

» 9° De constituer des tribunaux subordonnés à la Cour
» suprême;

» 10° De définir et de punir les pirateries et félonies com-
» mises en haute mer, et les offenses contre la loi des nations;

» 11° De déclarer la guerre, accorder des lettres de marque
» et de représailles, et de faire des règlements concernant
» les captures sur terre et sur mer;

» 12° De lever et entretenir des armées; mais aucun argent
» pour cet objet ne pourra être voté pour plus de deux ans;

» 13° De créer et entretenir une force maritime;

» 14° D'établir des règles pour l'organisation et l'adminis-
» tration des forces de terre et de mer;

» 15° De pourvoir à ce que la milice soit convoquée pour
» faire exécuter les lois de l'Union, réprimer les insurrec-
» tions et repousser les invasions;

» 16° De pourvoir à ce que la milice soit organisée, armée
» et disciplinée, et de disposer de cette partie de la milice
» qui peut se trouver employée au service des États-Unis, en
» laissant aux États respectifs la nomination des officiers, et
» le soin d'établir dans la milice la discipline établie par le
» Congrès;

» 17° D'exercer la législation exclusive, dans tous les cas
» quelconques, sur tel district (ne dépassant pas dix milles
» quarrés) qui pourra, par la cession des États particuliers
» et l'acceptation du Congrès, devenir le siège du gouverne-
» ment des États-Unis; et d'exercer une pareille autorité sur
» tous les lieux acquis par achats, d'après le consentement de
» la législature de l'État où ils seront situés, et qui serviront
» à l'établissement de forteresses, magasins, arsenaux, chan-
» tiers et autres établissements d'utilité générale;

    » 18° Enfin, le Congrès aura le pouvoir de faire toutes les
» lois nécessaires ou convenables pour mettre à exécution
» les pouvoirs qui lui ont été accordés, et tous les autres
» pouvoirs dont cette constitution a investi le gouvernement
» des États-Unis, ou l'une de ses branches.

    » . . . .

    » Les pouvoirs non réservés aux États-Unis par la consti-
» tution, ou ceux qu'elle ne défend pas aux États d'exercer,
» sont réservés aux États et au peuple. »

    (C). *Opinion de Tocqueville sur le choix de la capitale aux
États-Unis.* — Voici un extrait de Tocqueville sur la question
de la capitale des États-Unis :

    « L'Amérique n'a point de grande capitale dont l'influence
» directe ou indirecte se fasse sentir sur toute l'étendue du
» territoire, ce que je considère comme une des premières
» causes du maintien de la République aux États-Unis. Dans
» les villes, on ne peut guère empêcher les hommes de se
» concerter, de s'échauffer en commun, de prendre des réso-
» lutions subites et passionnées. Les villes forment comme
» de grandes assemblées dont tous les habitants sont mem-
» bres. Le peuple y exerce une influence prodigieuse sur ses
» magistrats, et souvent il y exécute, sans intermédiaire, sa
» volonté.

    » Soumettre les provinces à la capitale, c'est donc remettre
» la destinée de tout l'empire, non seulement dans les mains
» d'une portion du peuple, ce qui est injuste, mais encore
» dans les mains du peuple agissant par lui-même, ce qui est
» fort dangereux. La prépondérance des capitales porte donc
» une grave atteinte au système représentatif. Elle fait tom-
» ber les républiques modernes dans le défaut des républiques

» de l'antiquité, qui ont toutes péri pour n'avoir pas connu
» ce système. »

(D). *Organisation de l'armée prussienne.* — Voici quelques
renseignements sur l'organisation militaire de la Prusse.

Dans ce pays, tous les jeunes gens valides appartiennent à
l'armée régulière de vingt à vingt-trois ans. Pendant cette
période ils sont sous les drapeaux. Ceux qui peuvent justifier
d'une instruction militaire antérieure, acquise dans les colléges ou autrement, peuvent obtenir des réductions dans la
durée du service dans l'armée régulière.

A vingt-trois ans, le soldat prussien quitte le service actif
pour entrer dans la *réserve,* où il reste jusqu'à vingt-sept
ans. Dans cette situation, il réside dans sa famille; mais
il doit se rendre à son régiment deux fois par an, et pendant huit semaines chaque fois, pour y faire des exercices
militaires.

A vingt-sept ans, les hommes de la réserve entrent dans
la *landwehr,* où ils restent jusqu'à trente-deux ans. Ici,
encore, ils résident dans leurs familles; mais ils doivent se
rendre à leur régiment deux fois par an et pendant deux
semaines chaque fois. A trente-deux ans, les hommes de la
landwehr entrent dans la *landsturm,* et y restent jusqu'à
quarante-deux ans. Dans cette dernière situation, ils ne sont
tenus à aucun service militaire en temps de paix. En temps
de guerre, ils tiennent garnison dans les places fortes. A
quarante-deux ans, toute obligation de service militaire cesse
pour le citoyen prussien.

Le caractère distinctif de l'armée prussienne est que toutes
les classes de la société y sont représentées, le prince et le
baron, le bourgeois et l'ouvrier, le service militaire étant
obligatoire pour tous, et aucun remplacement n'étant admis.
Le niveau moyen de l'instruction s'y trouve pour ce motif
plus élevé que dans les autres armées de l'Europe.

Un autre caractère essentiel de l'armée prussienne est
d'être *décentralisée.* Chaque régiment de la ligne ou de la
landwehr correspond à un district territorial. Plusieurs régiments voisins constituent la division, et plusieurs divisions
voisines constituent le corps. Chaque corps correspond à une
province du royaume. Au chef-lieu de la province se trouve

l'état-major du corps, l'artillerie, le génie, un arsenal contenant les armes et munitions, des magasins contenant l'habillement et l'équipement. Les chevaux des particuliers sont enregistrés et peuvent être réquisitionnés au premier signal, moyennant le paiement d'une indemnité stipulée à l'avance (900 fr.).

Cette localisation de l'armée prussienne diminue les dépenses et les autres inconvénients qu'occasionnent les déplacements semestriels des hommes de la réserve et de la landwehr. Elle rend plus facile et plus prompt le rassemblement des troupes en temps de guerre. On admet en Prusse qu'il suffit d'un délai de *treize jours* pour porter sur un point quelconque de la frontière l'armée et la réserve réunies, soit un total d'environ 650,000 hommes organisés et pourvus de leurs armes, munitions et approvisionnements.

Les officiers de l'armée prussienne se recrutent ainsi qu'il suit : dans les régiments de l'armée régulière, lorsqu'une place devient vacante, les officiers du régiment présentent le successeur. Les grades se trouvent par là quasi-héréditaires. Les choses ont été ainsi établies par Frédéric le Grand, pour récompenser les compagnons de ses victoires. Dans la landwehr, les grades se donnent au concours. Nul n'est admis à concourir s'il n'a au moins un an de service. La même condition est exigée pour entrer dans les écoles militaires.

L'organisation que nous venons de décrire a été adoptée en Prusse après le désastre d'Iéna. L'empereur Napoléon Ier, après avoir écrasé le pays, crut devoir lui imposer de réduire son armée au chiffre maximum de 50,000 hommes. Le ministre de la guerre, Scharnhost, imagina alors de faire passer successivement toute la jeunesse prussienne par les rangs de l'armée, en ne l'y laissant que le temps strictement nécessaire pour son instruction militaire, et, l'apprentissage fait, de la verser dans une réserve, qui, quoique ne comptant pas dans l'armée active, n'en serait pas moins toujours prête à la disposition de l'État. Ce système, amélioré successivement par une pratique de soixante années, est parvenu aujourd'hui à un haut degré de perfection.

(E). *Constitution de la colonie de Victoria.* — Voici quelle est la Constitution de la colonie de Victoria (Australie du Sud), une des plus récentes et peut-être la plus prospère des colonies anglaises :

Il y a un gouverneur, nommé par la reine d'Angleterre, et qui est le chef du pouvoir exécutif. Les ministres sont nommés par lui; mais ils doivent être choisis parmi les hommes indiqués par les Chambres, et prêter serment de se retirer quand ils cessent d'avoir la majorité parlementaire.

Il y a une Chambre des représentants (Assembly) comprenant soixante-dix-huit membres, nommés pour cinq ans par le suffrage universel. Sont électeurs tous les hommes âgés de vingt et un ans, qui savent lire et écrire. Il y a un Sénat (Conneil), comprenant trente membres, nommés pour dix ans, et se renouvelant par cinquième tous les deux ans. Sont électeurs, pour le Sénat, toutes les personnes qui possèdent un capital ou revenu déterminé par la loi, et d'ailleurs très peu élevé. Il y a, en outre, adjonction des capacités.

Dans la colonie de Victoria, tout en admettant en principe la séparation de l'Eglise et de l'État, on a adopté une mesure transitoire consistant à faire mettre par l'État, à la disposition des ministres de chaque culte, une somme annuelle proportionnelle au nombre de leurs coreligionnaires respectifs. L'allocation par tête est la même pour tous les cultes.

FIN.

www.ingramcontent.com/pod-product-compliance
Lightning Source LLC
LaVergne TN
LVHW022027080426
835513LV00009B/902